すべては基本の3つのシルエットから生まれる。

私は、これまでウェディングのドレスデザインに携わってきたのですが、その間、常に女性の曲線的な体にそう、美しいフォルム作りに専念してきました。
ドレスには、着ると自然に背筋が伸びるものや、自信がふつふつ湧き、気持ちに効用あるものまで様々ですよね。
日ごろから、女性のみなさまには「ドレスをいつか着た日」を呼び覚ますような、そんな洋服が作りたいなと思って、今回のワンピースもデザインしました。
お気に入っていただければ幸いです。

「私はこれでいい。これがいい。」

女性は日常の小さな出来事や、様々なライフステージのイベントを通じ、自己肯定を積み重ねながら、変化し続けています。
自己肯定を積み重ねた分だけ、心や見えないところで生まれたその「誇り」は、女性の体型や立居振舞いに自ずと表われるはず。

そういう女性の「姿勢」や立居振舞いを、この本ではA、I、Xという3つのシルエットで表現しています。
「私はこれでいいんだ」という気持ちを後押しするお守りのような存在になってくれるはずと信じています。

すべての女性は世に咲く花。

私は常に美しくありたいと願う心をサポートします。
あなたのその願いがあなたとあなたの周りを照らす光。
あなたの街のすてきな景色になってください。

鈴木 圭

3
The Silhouette
PERMANENT DRESS
by atelier KEISUZUKI

鈴 木 圭

目 次

C O N T E N T S

A Line

P.8   A^1 A ラインひざ丈 ＋ ラウンドネック ＋ キャップスリーブのドレス － P. 3 6

P.9   A^2 A ラインひざ丈 ＋ ラウンドネック ＋ 7分丈ワイドスリーブのドレス － P. 4 2

P.10   A^3 A ラインひざ丈 ＋ ボートネック ＋ 7分丈タイトスリーブのドレス － P. 4 4

P.11   A^4 A ラインセミロング丈 ＋ ラウンドネック ＋ 5分丈フレアスリーブのドレス － P. 4 6

P.12   A^5 A ラインひざ丈 ＋ V ネック ＋ 3分丈フレアスリーブのドレス － P. 5 0

P.13   A^6 A ラインひざ丈 ＋ ボートネック ＋ 7分丈タイトスリーブのドレス － P. 5 2

I Line

P.16   I^1 I ラインひざ下丈 ＋ V ネック ＋ ノースリーブのドレス － P. 5 6

P.17   I^2 I ラインひざ下丈 ＋ ラウンドネック ＋ キャップスリーブのドレス － P. 6 0

P.18   I^3 I ラインひざ下丈 ＋ ラウンドネック ＋ 7分丈ワイドスリーブのドレス － P. 6 1

P.19   I^4 I ラインひざ下丈 ＋ V ネック ＋ 7分丈タイトスリーブのドレス － P. 6 2

P.20   I^5 I ラインひざ下丈 ＋ ボートネック ＋ 7分丈ワイドスリーブのドレス － P. 6 3

P.21   I^6 I ラインひざ下丈 ＋ ボートネック ＋ 7分丈ワイドスリーブのドレス － P. 6 6

X _Line_

P.24	X^1	Xラインひざ丈 ＋ ボートネック ＋ ノースリーブのドレス －P.68
P.25	X^2	Xラインひざ丈 ＋ ラウンドネック ＋ キャップスリーブのドレス －P.69
P.26	X^3	Xラインひざ丈 ＋ Ｖネック ＋ キャップスリーブのドレス －P.70
P.27	X^4	Xラインミモレ丈 ＋ Ｖネック ＋ 5分丈フレアスリーブのドレス －P.71
P.28	X^5	Xラインひざ丈 ＋ ボートネック ＋ 7分丈ワイドスリーブのドレス －P.73
P.29	X^6	Xラインひざ丈 ＋ ボートネック ＋ 7分丈タイトスリーブのドレス －P.75

P.30	使用した布地
P.32	_How to Make_
P.76	Aラインの裏布つけ
P.78	Iラインの裏布つけ
P.79	Xラインの裏布つけ

A Line

Silhouette no.1

肩から裾にかけてなめらかな
フレアで作る A ライン

肩回りをコンパクトにすることで、
気になる体型を隠しつつ、
華奢な印象のシルエットです。
薄手の生地から中肉の生地まで、
使う生地によってシルエットが変わるので、
気分によって楽しめるスタイルです

A¹

ちょこんとつけたキャップスリーブ
キュッと小さくつめたスモール衿
大人しく華やかなAライン
花のように心が舞う

− P.36 −

A²

—

ワイドスリーブの7分丈、スリットを入れてエレガントに
ひじを隠す安心感の中、風が心地よくて
自由をずっと感じられる

－ P.42 －

アクティブな気持ちになれるタイトスリーブ
細めの袖を折り上げて心のギアを上げてみる
裾にかけて広がるゆったりシルエットのAライン
快活で楽しくエレガントに

− P.44 −

A³

A⁴

伸び伸びとおおらかな
気持ちになれるセミロング丈
ゆったりめの袖と、たっぷり生地を
使って楽しむ着丈アレンジバージョン

− P.46 −

A⁵

適度なゆとりとフレアで
いつも穏やかな気分でいられる
Aラインの膨らみにキリッとした
Vネックラインとたっぷりフレアの
半袖のコンビネーション
自分が自分らしくいられることが
何よりも楽しいこと

− P.50 −

自信がフツフツと湧いてくるような
永遠の美しいボートネックとタイトな7分丈の袖に
ウエストは、ベルトできゅっと絞って
気分を変えてみても楽しい！

— P.52 —

A⁶

I Line

Silhouette no.2

縦長でスレンダーなシルエットが特徴のIライン

ウエストをちょっと絞り、位置を高めに設定することで足長効果がアップし、スタイル抜群に見えるシルエットです。クールで格好よく、キャリア向けにもアレンジ次第で楽しめます！

I¹

—

心も体も引き締まる
ストレートなIラインとVネック
鎖骨をきれいに見せるネックラインが
デザインポイント

− P.56 −

I²

ネックラインをキリッと
締めてモード気分で
キャップスリーブを組み合わせて
清楚な印象をプラス

− P.60 −

I³

意志の強さを感じさせるストレートな
シルエットに、ワイドスリーブを
組み合わせエレガントな印象に
袖口のスリットからチラッと
見せるひじがセクシー

― P.61 ―

I ^{4}

強くて優しい決断をしたいときに
自分の背中を押してくれるスタイル
高いヒールで歩きたい気分になるIライン
タイトな袖とシャープなVネックで
ワンランク上の大人の女性を演出

− P.62 −

アレンジの楽しさは2色づかいの切替しで！
脇のパネルとワイドな袖口の切替えを入れて
よりスレンダーな印象に

− P.63 −

I^5

16

袖口にかけて広がるワイドスリーブは
落ち着いた印象が上品な印象に
ボートネックが首もとをすっきり見せてくれる

— P.66 —

Line *Silhouette no.3*

ウエストからスカート裾にかけて
贅沢にフレアを作るXライン

上半身はコンパクトに、高めのウエストから
裾にかけて 贅沢にフレアを作るので、
女性ならではの優しさ、優雅さ、
エレガントさが楽しめます。
バスト、ウエスト、ヒップ位置を際立たせる
バランスにし、大人が着てかわいい
フィット&フレアになっています

$X^{\underline{1}}$

—

子どものころにあこがれたワンピースをアップデート
あきすぎないボートネックと軽やかな麻素材で
大人のワンピースに印象づける

− P.68 −

X^2

—

小さめな衿ぐりとキャップスリーブで
コンパクトに切り返しで生地を替えることで
よりシルエットを強調し
女性らしいフォルムに

— P.69 —

$X\frac{3}{\_}$

かわいらしさとエレガントさが特徴のXラインに
Vネックを合わせることで 少しキリッと大人な印象に
キャップスリーブとのバランスが絶妙

− P.70 −

着丈をアレンジしたミモレ丈に、シャープなVネックと
ゆったりとしたフレア袖を組み合わせ、
気持ちやわらぐXラインのワンピース

− P.71 −

X⁴

X⁵

—

X ラインを思い切り楽しむなら
例えば張りのあるタフタ生地で
思い切りフレアを広げても GOOD!
ひじを隠すくらい長めの袖で
大人っぽく着こなせる

— P.73 —

永遠の定番リトルブラックドレス
ボートネックとタイトスリーブを組み合わせて
華奢だけど凛とした印象に

− P.75 −

$X^{\underline{6}}$

使用した布地
Textiles

コットンやウール、無地やプリント地と
生地を替えて楽しめるのも、シンプルなワンピースならでは。
オールシーズンお楽しみいただけます。

左上から右回りに
グログランペイントマーガレット白
ノイルデニム白
細番手シルク調コットンブルー
薄手フェザーウールグリーン
中肉リネンミモザ
グログランペイントマーガレット黒
薄手フェザーウール黒
形状タフタブラウン
綿麻プリベラワッシャーオレンジ
グログラングレー
薄手リネンコーラル
薄手フェザーウールキャメル

How to make

Tips

すてきに、シンプルに、エレガントに。
わずか3つのシルエットと共通の衿ぐりや袖を用いた
18体のデザインをご用意しました。

サイズと付録の実物大パターンについて

付録の実物大パターンは、右のヌード参考寸法表の5号、7号、9号、11号、13号にグレーディング（サイズ展開）されて、各サイズごとに7号は赤色の面、9号は紺色の面、11号は緑色の面、13号は茶色の面、5号サイズはパーツごとのパターンに色分けして4つの面に入っています。それぞれには縫い代がついています。各面に必要なパターンの配置図がありますので探すときの参考になさってください。パターンの名称がわかりにくい場合や縫い代幅は、裁合せ図も参考にすると理解しやすくなります。サイズ表を参考にし、パターンサイズを選んでください。15号サイズにサイズアップしたいかた、着丈、袖丈を変更したいかたは34ページの調整方法をごらんください。

ヌード参考寸法表					（単位はcm）
	5号	7号	9号	11号	13号
身長	157	157	164	164	167
バスト	78	82	86	90	94
ウエスト	56	60	64	68	72
ヒップ	83	87	91	95	99
袖丈	52	52	55	57	57

パターンの作り方

付録の実物大パターンは紙面の都合上、線が重なっていますので、写したい線をマーカーなどでなぞり、ハトロン紙などの別紙に写し取ります。その際、合い印や布目線も忘れずに写し取ります。またパーツが紙面に収まらないデザインはパーツが分かれて入っていますのでパターン内の指示や裁合せ図に従って、パターンを突き合わせます。見返し線は身頃パターンの中に重なっていますので身頃パターンとは別に写し取ってください。そのとき、布目は身頃と同じにします。

裁断、合い印、印つけ

裁断は表布を外表に二つに折り、縫い代つきパターンをのせて重しで押さえ、パターンにそって裁断します。ただし織りの粗いほつれやすい布地は、チョークで裁切り線をしるし、パターンをはずして裁断する方法もあります。どちらの場合も基本的に出来上り線の印つけはしませんが、出来上り線にある合い印は、布端に直角にノッチ（3mmくらいの切込み）を入れます。ダーツのようにパターンの内側にある印はチョークペーパーを布の間にはさみ、目打ちやルレットでしるしてください。タフタやウールなどの目打ちで印がつきにくい布の場合や跡が残る場合は、しつけ糸を使って切りじつけをしましょう。

目打ちとノッチの印つけ

裁断した布にパターンを重ね、ダーツ位置の縫い代3か所にノッチを入れる。

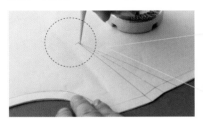
ダーツの先から3〜5mm手前に、垂直に目打ちを刺して、布に印をつける。

0.3〜0.5

しつけ糸を使った印つけとダーツの縫い方

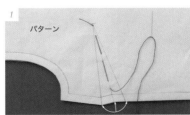
1 裁断した布にパターンを重ね、ダーツ位置の端にノッチを入れる。次にしつけ糸1本どりでダーツの中央を粗く縫う。

2 粗く縫った糸の中間を切る。

3 糸が抜けないように気をつけてパターンをそっとはずす。

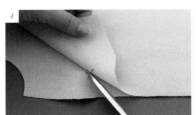
4 上の布をそっとめくり、間の糸を切る。

5 上側の布のしつけ糸を短くカットして印つけの出来上り。

6 ノッチを合わせて中表に折り、しつけ糸の印が折り山になるようにまち針でとめ、アイロンをかけてダーツを縫う。

13号から15号にサイズアップする方法

13号では窮屈に感じられるかたのために、身頃の周囲の寸法を4cm大きく15号にサイズアップする方法です。右の図は付録のパターンに入っている全デザインの各パーツです。この中の脇線に関わる部分のみ、縫い代幅分の1cmを平行に追加することで簡単にサイズアップすることができます。下図はAラインの前脇線、後ろ脇線で1cm追加した操作方法です。I、Xラインは、これを参考にして前脇と後ろ脇の脇線で同様に1cm追加してください。脇線で追加した場合は、縫い合わされる袖の袖下線で1cm忘れずに追加します。着丈や袖丈は裾線、袖口線で平行に加減します。その場合、使用量が変わってきますので注意してください。

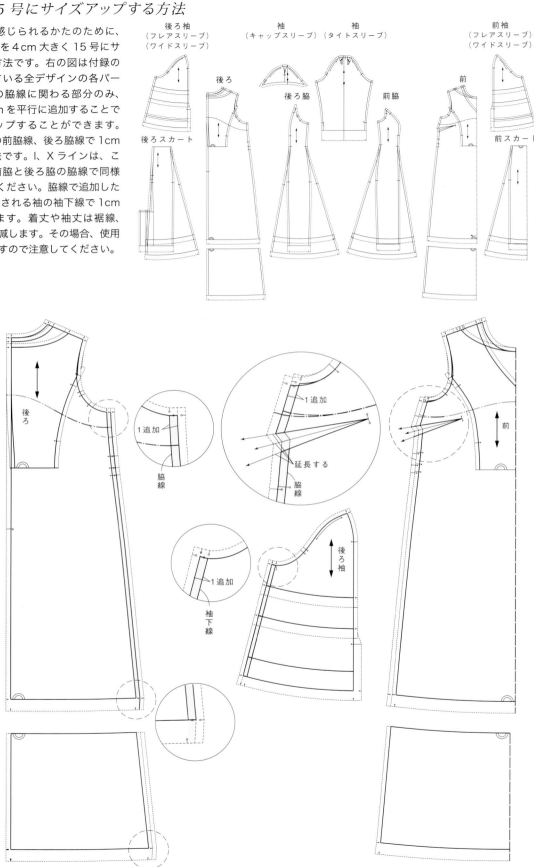

$Tips$ 作り方のコツ   Silhouette no.1   **A**

裾にかけてゆるやかに広がる A ラインのシルエット。
袖や衿はもちろんですが、着丈のアレンジも
お楽しみください。

A¹

Silhouette no.1

A1　Aラインひざ丈 ＋ ラウンドネック ＋ キャップスリーブのドレス（口絵 P.8）

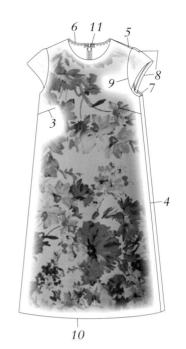

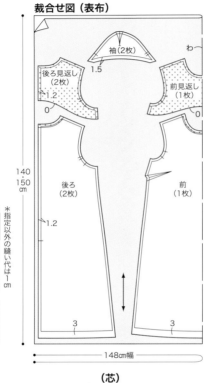

必要なパターン
（赤面：7号、紺面：9号、緑面：11号、茶面：13号、各面：5号）

前、後ろ、袖（キャップスリーブ）、前見返し、後ろ見返し

材料
表布（グログラン）…148cm幅
1.4m（5・7・9号）、1.5m（11・13号）
接着芯（前後見返し）…90cm幅 40cm
伸止めテープ（前後衿ぐり）…12mm幅 70cm
コンシールファスナー…56cmを1本
スプリングホック…1組み

準備
・前後見返しに接着芯をはる。
・衿ぐりに伸止めテープをはる。
・身頃の脇、後ろ中心、裾、袖口、見返しの端にロックミシン（またはジグザグミシン）。

作り方
1　後ろ中心のあき止りから裾までを縫う。
2　コンシールファスナーをつける。
3　胸ダーツを縫う（縫い代は上側に倒す）。
4　脇を縫う（縫い代は割る）。
5　身頃の肩、見返しの肩と脇を縫う（縫い代は割る）。
6　身頃と見返しを中表に合わせて衿ぐりを縫い返し、見返しと縫い代のみをステッチで押さえる。
7　身頃と見返しを中表に合わせて袖ぐり底を縫い返す。袖つけ止りから縫い代を反対側に出し、袖ぐり底の見返しと縫い代のみをステッチで押さえる。
8　袖山のダーツを縫い（縫い代は後ろ側に倒す）、袖山にいせミシンをかける。袖口を二つ折りにしてまつる。
9　袖をつける（3枚一緒にロックミシン。縫い代は袖側に倒す）。底側の縫い代の端をめくり見返しにまつる。
10　裾を二つ折りにしてまつる。
11　見返しをファスナーにまつり、スプリングホックをつける。身頃の脇縫い代に見返しの端をまつる。

出来上り寸法　（単位はcm）

サイズ	5号	7号	9号	11号	13号
バスト	85	89	93	97	101
ウエスト	90.8	94.8	98.8	102.8	106.8
ヒップ	100.8	104.8	108.8	112.8	116.8
袖丈	10	10	10	10.5	11
着丈（ひざ丈）	90	90	94	94	98

1,2　後ろ中心のあき止りから裾までを縫う（縫い代は割る）。
　　　コンシールファスナーをつける。

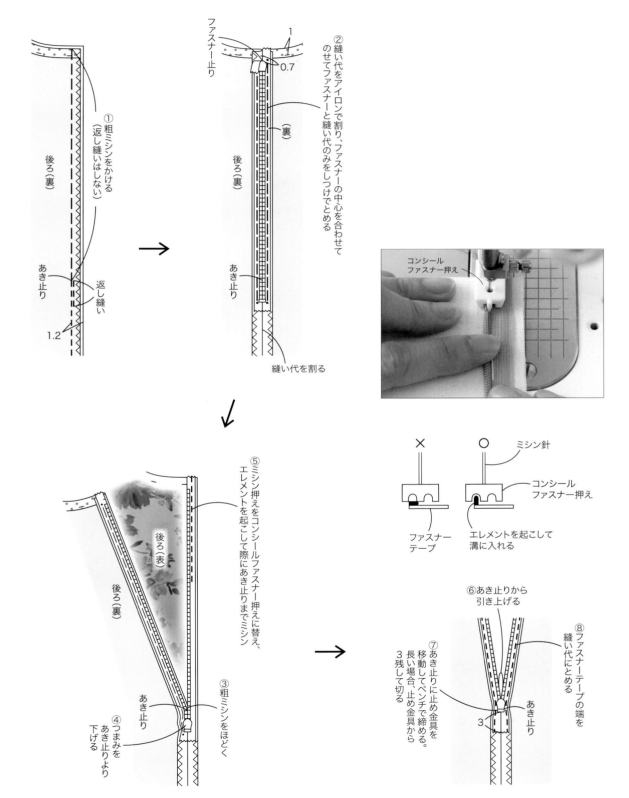

A $\frac{1}{-}$

3 胸ダーツを縫う（縫い代は上側に倒す）。

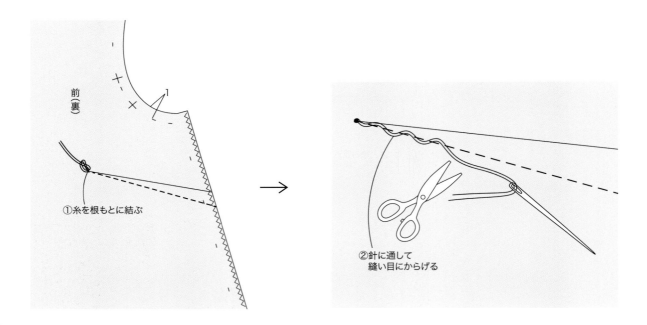

4, 5 脇を縫う（縫い代は割る）。
　　　身頃の肩、見返しの肩と脇を縫う（縫い代は割る）。

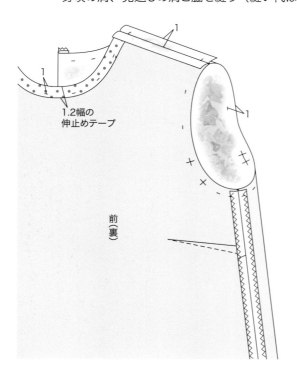

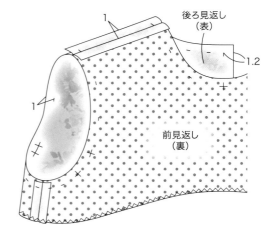

※ボートネックの肩の衿ぐり側は、出来上りで縫い止める

6 　身頃と見返しを中表に合わせて衿ぐりを縫い返し、見返しと縫い代のみをステッチで押さえる。

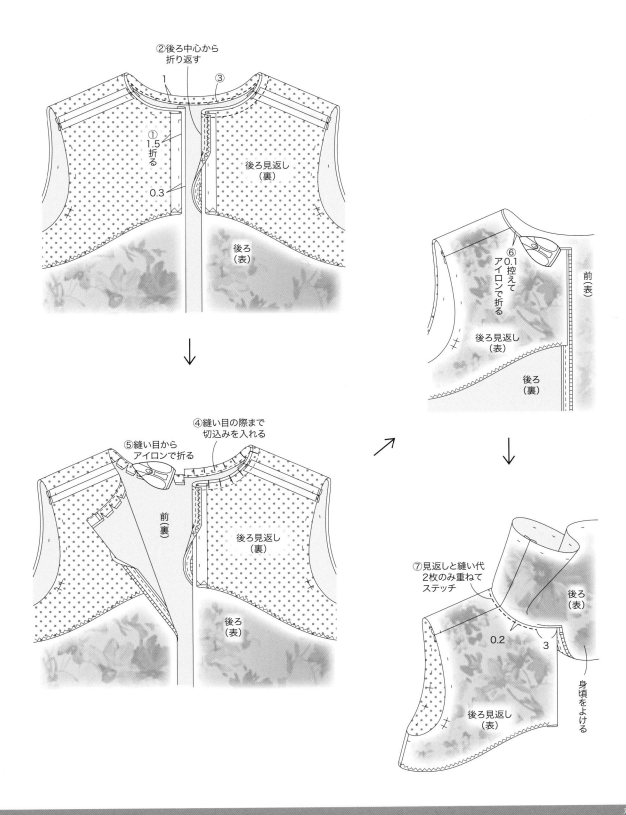

A¹

7 　身頃と見返しを中表に合わせて袖ぐり底を縫い返す。
　　袖つけ止りから縫い代を反対側に出し、袖ぐり底の見返しと縫い代のみをステッチで押さえる。

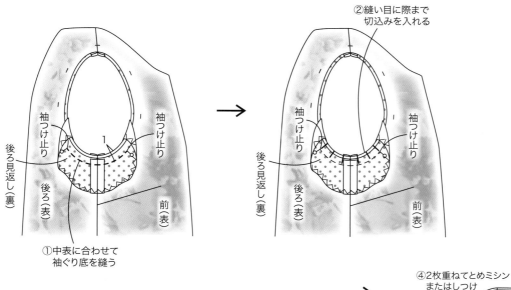

8 　袖山のダーツを縫い（縫い代は後ろ側に倒す）、
　　袖山にいせミシンをかける。
　　袖口を二つ折りにしてまつる。

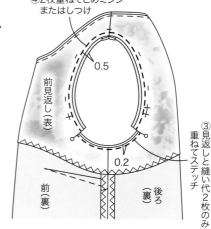

9 袖をつける（3枚一緒にロックミシン。縫い代は袖側に倒す）。
底側の縫い代の端をめくり、見返しにまつる。

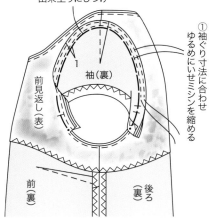
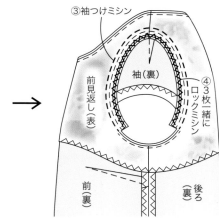
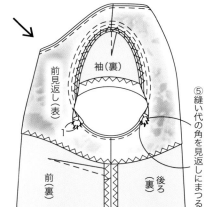

10 裾を二つ折りにしてまつる。

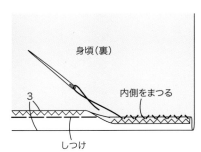

11 見返しをファスナーにまつり、スプリングホックをつける。
身頃の脇縫い代に見返しの端をまつる。

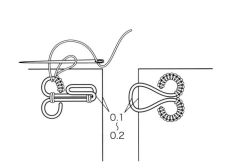
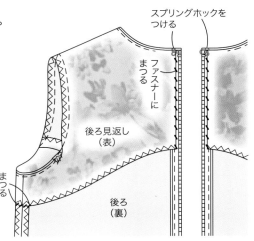

Silhouette no.1

A²

Aラインひざ丈 + ラウンドネック + 7分丈ワイドスリーブのドレス（口絵 P.9）

必要なパターン
（赤面：7号、紺面：9号、緑面：11号、茶面：13号、各面：5号）

前、後ろ、前袖（ワイドスリーブ・7分丈）、後ろ袖（ワイドスリーブ・7分丈）、前見返し、後ろ見返し

材料

表布（グログラン）…148㎝幅
1.8m（5・7・9号）、2m（11・13号）
接着芯（前後見返し）…90㎝幅 40㎝
伸止めテープ（前後衿ぐり）…12mm幅 70㎝
コンシールファスナー…56㎝を1本
スプリングホック…1組み

準備

・前後見返しに接着芯をはる。
・衿ぐりに伸止めテープをはる。
・身頃の脇、後ろ中心、裾、袖切替え線、袖下、袖口、見返しの端にロックミシン（またはジグザグミシン）。

作り方

1　後ろ中心のあき止りから裾までを縫う（縫い代は割る）。(p.37参照)
2　コンシールファスナーをつける。(p.37参照)
3　胸ダーツを縫う（縫い代は上側に倒す）。(p.38参照)
4　脇を縫う（縫い代は割る）。(p.38参照)
5　身頃の肩、見返しの肩と脇を縫う（縫い代は割る）。(p.38参照)
6　身頃と見返しを中表に合わせて衿ぐりを縫い返し、見返しと縫い代のみをステッチで押さえる。(p.39参照)
7　袖の切替え線をスリット止りまで縫う（縫い代は割る）。袖山にいせミシンをかけ、袖口をアイロンで折る。
8　袖口の折りを広げて袖下を縫う（縫い代は割る）。
9　袖口、スリットをまつる。
10　袖をつける（3枚一緒にロックミシン。縫い代は袖側に倒す）。
11　裾を二つ折りにしてまつる。(p.41参照)
12　見返しをファスナーにまつり、スプリングホックをつける。身頃の脇縫い代に見返しの端をまつる。(p.41参照)

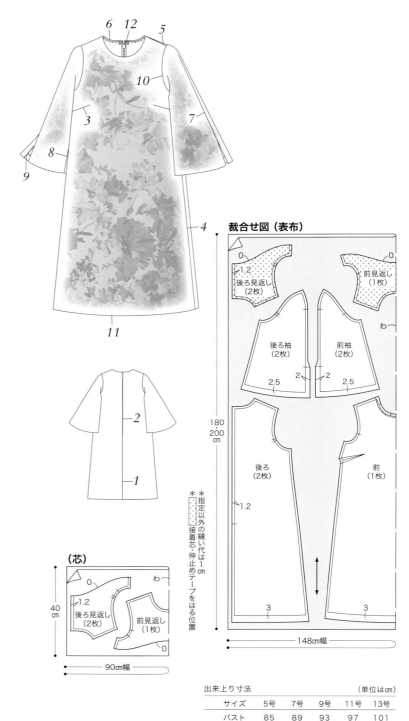

サイズ	5号	7号	9号	11号	13号
バスト	85	89	93	97	101
ウエスト	90.8	94.8	98.8	102.8	106.8
ヒップ	100.8	104.8	108.8	112.8	116.8
袖丈（7分丈）	44	44	46	46	48
着丈（ひざ丈）	90	90	94	94	98

出来上り寸法（単位は㎝）

7 袖の切替え線をスリット止りまで縫う
（縫い代は割る）。袖山にいせミシンをかけ、
袖口をアイロンで折る。

8, 9 袖口の折りを広げて袖下を縫う
（縫い代は割る）。袖口、スリットをまつる。

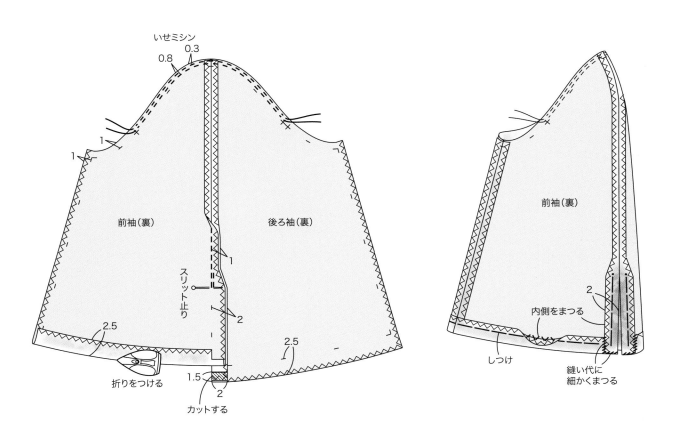

10 袖をつける（3枚一緒にロックミシン。縫い代は袖側に倒す）。

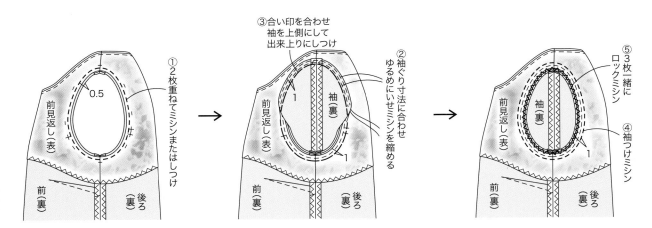

Silhouette no.1

A ラインひざ丈 + ボートネック + 7分丈タイトスリーブのドレス（口絵 P.10）

必要なパターン
（赤面：7号、紺面：9号、緑面：11号、茶面：13号、各面：5号）
前、後ろ、袖（タイトスリーブ）、前見返し、後ろ見返し

材料
表布（シルク）…110cm幅
2.4m（5・7・9号）、2.5m（11・13号）
接着芯（前後見返し）…90cm幅 40cm
伸止めテープ（前後衿ぐり）…12mm幅 80cm
コンシールファスナー…56cmを1本
スプリングホック…1組み

準備
・前後見返しに接着芯をはる。
・衿ぐりに伸止めテープをはる。
・身頃の脇、後ろ中心、裾、袖下、袖口、見返しの端にロックミシン（またはジグザグミシン）。

作り方

1. 後ろ中心のあき止りから裾までを縫う（縫い代は割る）。（p.37 参照）
2. コンシールファスナーをつける。（p.37 参照）
3. 胸ダーツを縫う（縫い代は上側に倒す）。（p.38 参照）
4. 脇を縫う（縫い代は割る）。（p.38 参照）
5. 身頃の肩、見返しの肩と脇を縫う（縫い代は割る）。（p.38 参照）
6. 身頃と見返しを中表に合わせて衿ぐりを縫い返し、見返しと縫い代のみをステッチで押さえる。（p.39 参照）
7. 袖山にタックをたたみ仮どめする。袖山にいせミシンをかけ、袖口をアイロンで折る。袖下をスリット止りまで縫い（縫い代は割る）、スリットを作る。
8. 袖口をまつる。
9. 袖をつける（3枚一緒にロックミシン。縫い代は袖側に倒す）。（p.43 参照）
10. 裾を二つ折りにしてまつる。（p.41 参照）
11. 見返しをファスナーにまつり、スプリングホックをつける。身頃の脇縫い代に見返しの端をまつる。（p.41 参照）

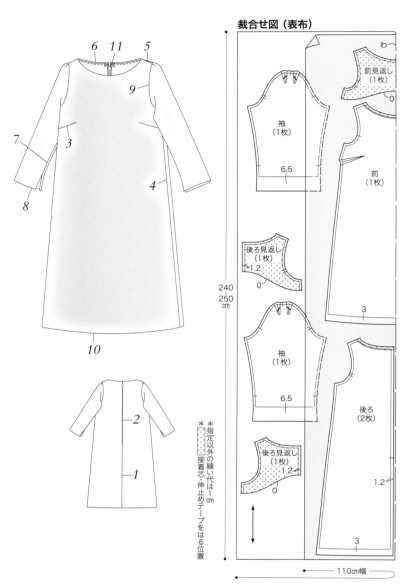

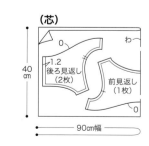

7 袖山にタックをたたみ仮どめする。袖山にいせミシンをかけ、袖口をアイロンで折る。
袖下をスリット止りまで縫い（縫い代は割る）、スリットを作る。

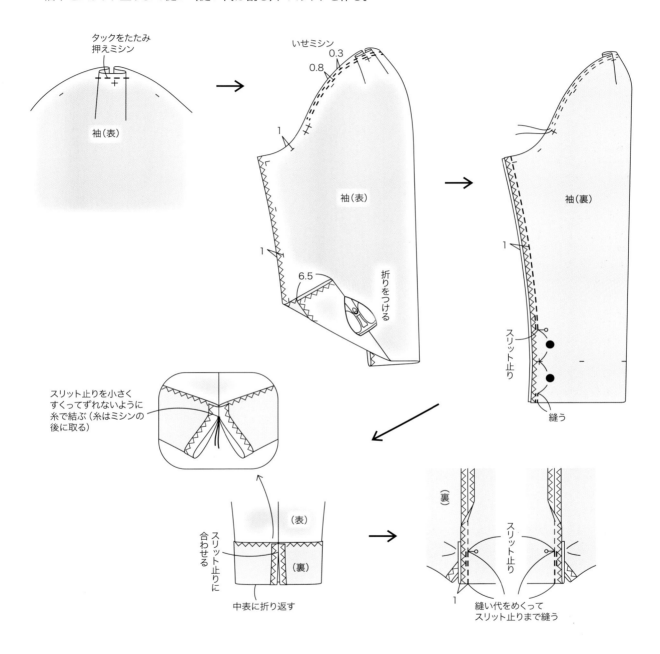

出来上り寸法				（単位はcm）	
サイズ	5号	7号	9号	11号	13号
バスト	85	89	93	97	101
ウエスト	90.8	94.8	98.8	102.8	106.8
ヒップ	100.8	104.8	108.8	112.8	116.8
袖丈（7分丈）	45	45	47	47	49
着丈（ひざ丈）	90	90	94	94	98

8 袖口をまつる。

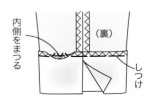

Silhouette no.1

Aラインセミロング丈 ＋ ラウンドネック ＋ 5分丈フレアスリーブのドレス（口絵 P.11）

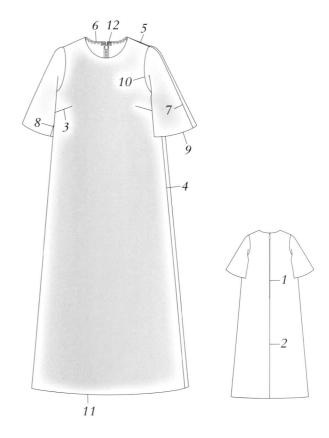

必要なパターン
（赤面：7号、紺面：9号、緑面：11号、
茶面：13号、各面：5号）

前（前裾と突き合わせる）、後ろ（後ろ裾と突き合わせる）、前袖（フレアスリーブ・5分丈）、後ろ袖（フレアスリーブ・5分丈）、前見返し、後ろ見返し

材料

表布（コットン）…108cm幅
3m（5・7・9号）、3.1m（11・13号）
接着芯（前後見返し）…90cm幅 40cm
伸止めテープ（前後衿ぐり）…12mm幅 70cm
コンシールファスナー…56cmを1本
スプリングホック…1組み

準備
・前後見返しに接着芯をはる。
・衿ぐりに伸止めテープをはる。
・身頃の脇、後ろ中心、裾、袖口、見返しの端にロックミシン（またはジグザグミシン）。

作り方

1 後ろ中心のあき止まりから裾までを縫う（縫い代は割る）。(p.37 参照)
2 コンシールファスナーをつける。(p.37 参照)
3 胸ダーツを縫う（縫い代は上側に倒す）。(p.38 参照)
4 脇を縫う（縫い代は割る）。(p.38 参照)
5 身頃の肩、見返しの肩と脇を縫う（縫い代は割る）。(p.38 参照)
6 身頃と見返しを中表に合わせて衿ぐりを縫い返し、見返しと縫い代のみをステッチで押さえる。(p.39 参照)
7 袖の切替え線を縫う（縫い代は割る）。袖山にいせミシンをかけ、袖口をアイロンで折る。
8 袖口の折りを広げて袖下を縫う（縫い代は割る）。
9 袖口をまつる。
10 袖をつける（3枚一緒にロックミシン。縫い代は袖側に倒す）。(p.43 参照)
11 裾を二つ折りにしてまつる。(p.41 参照)
12 見返しをファスナーにまつり、スプリングホックをつける。身頃の脇縫い代に見返しの端をまつる。(p.41 参照)

サイズ	5号	7号	9号	11号	13号
バスト	85	89	93	97	101
ウエスト	90.8	94.8	98.8	102.8	106.8
ヒップ	100.8	104.8	108.8	112.8	116.8
袖丈（5分丈）	29	29	30	30	31
着丈（セミロング丈）	120	120	124	124	128

出来上り寸法　（単位はcm）

裁合せ図（表布）

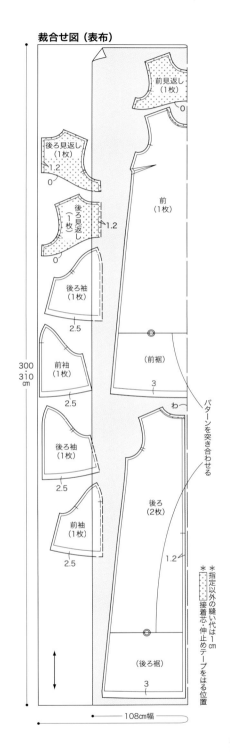

- 前見返し（1枚）
- 後ろ見返し（1枚） 1.2 / 0
- 後ろ見返し（1枚） 1.2 / 0
- 後ろ袖（1枚） 2.5
- 前袖（1枚） 2.5
- 後ろ袖（1枚） 2.5
- 前袖（1枚） 2.5
- 前（1枚）
- （前裾）3
- 後ろ（2枚）1.2
- （後ろ裾）3

300・310cm / 108cm幅

パターンを突き合わせる

※指定以外の縫い代は1cm
※接着芯・伸止めテープをはる位置

（芯）

- 後ろ見返し（2枚）1.2
- 前見返し（1枚）0

40cm / 90cm幅

A⁴

7 袖の切替え線を縫う（縫い代は割る）。
　　袖山にいせミシンをかけ、袖口をアイロンで折る。

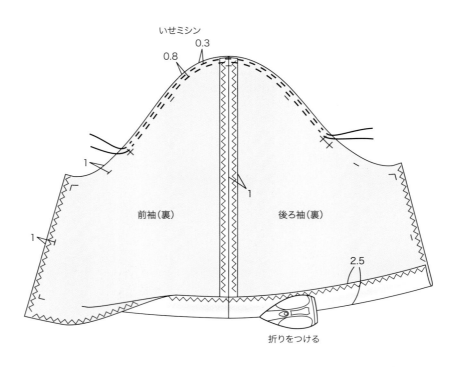

8 袖口の折りを広げて袖下を縫う
　　（縫い代は割る）。

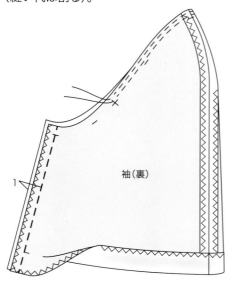

9 袖口をまつる。

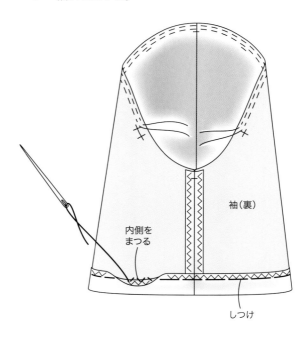

A5

Aラインひざ丈 ＋ Vネック＋3分丈フレアスリーブのドレス（口絵 P.12）

必要なパターン
（赤面：7号、紺面：9号、緑面：11号、茶面：13号、各面：5号）

前、後ろ、前袖（フレアスリーブ・3分丈）、後ろ袖（フレアスリーブ・3分丈）、前見返し、後ろ見返し

材料
表布（ウール）…143cm幅
1.7m（5・7・9号）、1.8m（11・13号）
接着芯（前後見返し）…90cm幅 40cm
伸止めテープ（前後衿ぐり）…12mm幅 90cm
コンシールファスナー…56cmを1本
スプリングホック…1組み

準備
・前後見返しに接着芯をはる。
・衿ぐりに伸止めテープをはる。
・身頃の脇、後ろ中心、裾、袖口、見返しの端にロックミシン（またはジグザグミシン）。

作り方
1 後ろ中心のあき止りから裾までを縫う（縫い代は割る）。(p.37 参照)
2 コンシールファスナーをつける。(p.37 参照)
3 胸ダーツを縫う（縫い代は上側に倒す）。(p.38 参照)
4 脇を縫う（縫い代は割る）。(p.38 参照)
5 身頃の肩、見返しの肩と脇を縫う（縫い代は割る）。(p.38 参照)
6 身頃と見返しを中表に合わせて衿ぐりを縫い返し、見返しと縫い代のみをステッチで押さえる。
7 袖の切替え線を縫う（縫い代は割る）。袖山にいせミシンをかけ、袖口をアイロンで折る。(p.48 参照)
8 袖口の折りを広げて袖下を縫う（縫い代は割る）。(p.48 参照)
9 袖口をまつる。(p.48 参照)
10 袖をつける（3枚一緒にロックミシン。縫い代は袖側に倒す）。(p.43 参照)
11 裾を二つ折りにしてまつる。(p.41 参照)
12 見返しをファスナーにまつり、スプリングホックをつける。身頃の脇縫い代に見返しの端をまつる。(p.41 参照)

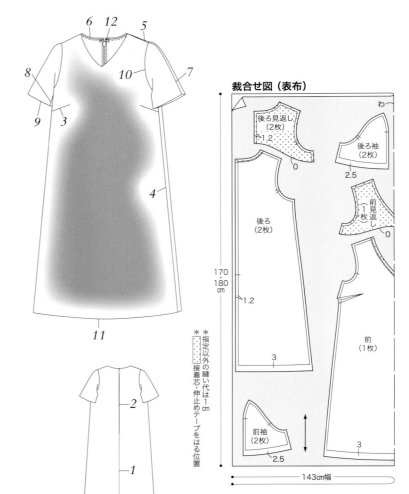

サイズ	5号	7号	9号	11号	13号
バスト	85	89	93	97	101
ウエスト	90.8	94.8	98.8	102.8	106.8
ヒップ	100.8	104.8	108.8	112.8	116.8
袖丈（3分丈）	21	21	22	22	23
着丈（ひざ丈）	90	90	94	94	98

出来上り寸法 （単位はcm）

準備

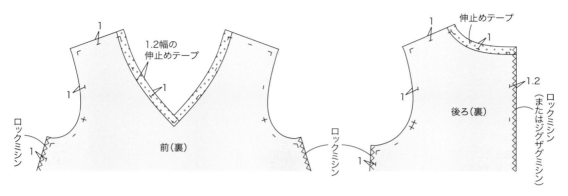

6 　身頃と見返しを中表に合わせて衿ぐりを縫い返し、
　　見返しと縫い代のみをステッチで押さえる。

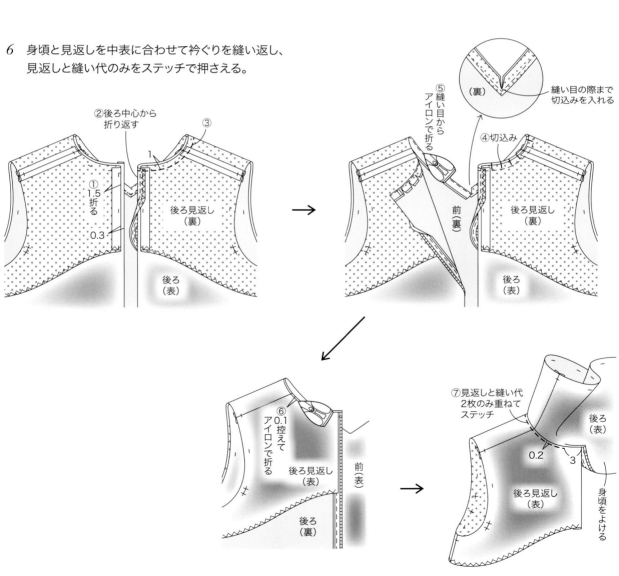

Silhouette no.1

A-6 Aラインひざ丈 ＋ ボートネック＋7分丈タイトスリーブのドレス（口絵 P.13）

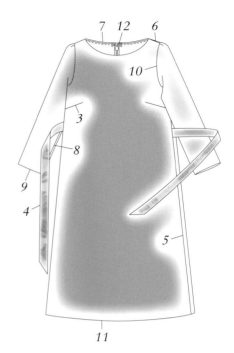

必要なパターン
（赤面：7号、紺面：9号、緑面：11号、茶面：13号、各面：5号）

前、後ろ、袖（タイトスリーブ）、前見返し、後ろ見返し
※リボンは図の寸法で製図、またはじか裁ちして裁つ。

材料
表布（ウール）…143cm幅
1.9m（5・7・9号）、2m（11・13号）
別布（表リボン）…148cm幅 10cm
接着芯（前後見返し、表リボン）
…90cm幅 60cm
伸止めテープ（前後衿ぐり）…12mm幅 80cm
コンシールファスナー…56cmを1本
スプリングホック…1組み

準備
・前後見返し、表リボンに接着芯をはる。
・衿ぐりに伸止めテープをはる。
・身頃の脇、後ろ中心、裾、袖口、見返しの端、リボンの端にロックミシン（またはジグザグミシン）。

作り方
1 後ろ中心のあき止りから裾までを縫う（縫い代は割る）。(p.37 参照)
2 コンシールファスナーをつける。(p.37 参照)
3 胸ダーツを縫う（縫い代は上側に倒す）。(p.38 参照)
4 リボンを作る。
5 脇を縫う（縫い代は割る）。(p.38 参照)
6 身頃の肩、見返しの肩と脇を縫う（縫い代は割る）。(p.38 参照)
7 身頃と見返しを中表に合わせて衿ぐりを縫い返し、見返しと縫い代のみをステッチで押さえる。(p.39 参照)
8 袖山にタックをたたむ。いせミシンをかけ、袖口をアイロンで折る。袖口の折りを広げて袖下縫う（縫い代は割る）。
9 袖口をまつる。
10 袖をつける（3枚一緒にロックミシン。縫い代は袖側に倒す）。(p.43 参照)
11 裾を二つ折りにしてまつる。(p.41 参照)
12 見返しをファスナーにまつり、スプリングホックをつける。身頃の脇縫い代に見返しの端をまつる。(p.41 参照)

出来上り寸法					(単位はcm)
サイズ	5号	7号	9号	11号	13号
バスト	85	89	93	97	101
ウエスト	90.8	94.8	98.8	102.8	106.8
ヒップ	100.8	104.8	108.8	112.8	116.8
袖丈（7分丈）	45	45	47	47	49
着丈（ひざ丈）	90	90	94	94	98

裁合せ図（表布）

- 袖（2枚）
- 裏リボン（2枚）
- 前見返し（1枚）
- 後ろ（2枚）
- 後ろ見返し（2枚）
- 前（1枚）

190/200cm　143cm幅

3.5カット　3　1.2　0　3

＊タイトスリーブのスリットは作らないので、袖口の縫い代は3cmにします

＊指定以外の縫い代は1cm
＊接着芯・伸止めテープをはる位置

（別布）
表リボン（2枚）　10cm　148cm幅

（芯）
表リボン（2枚）　前見返し（1枚）　後ろ見返し（2枚）　60cm　90cm幅

4　リボンを作る。

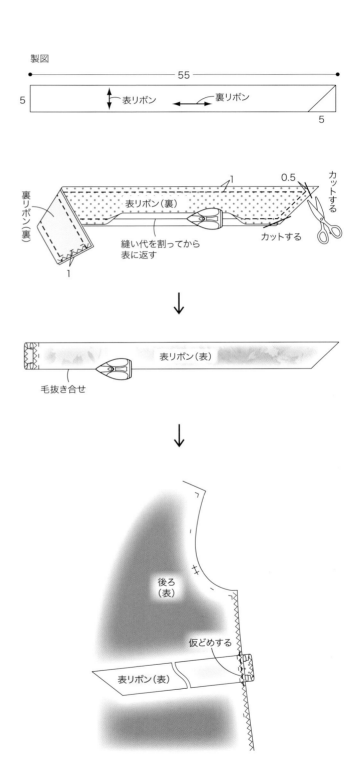

8 袖山にタックをたたむ。いせミシンをかけ、袖口をアイロンで折る。
袖口の折りを広げて袖下縫う（縫い代は割る）。

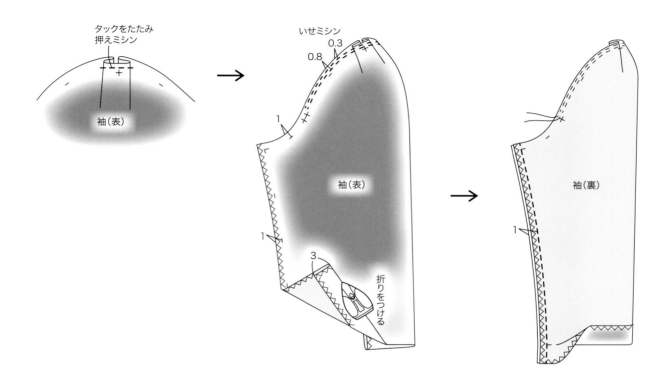

9 袖口をまつる。

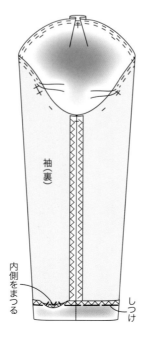

$Tips$ 作り方のコツ
　　　　$Silhouette\ no.2$

I

気持ちの引き締まる、全体にスレンダーなシルエットのIライン。
ウエスト回りに適度なゆとりを持たせたパターンが特徴です。

I⁶

I-1　Iラインひざ下丈 ＋ Vネック ＋ ノースリーブのドレス（口絵 P.16）

必要なパターン
（赤面：7号、紺面：9号、緑面：11号、茶面：13号、各面：5号）

前（身頃とスカートを突き合わせる）、前脇、後ろ（身頃とスカートを突き合わせる）、後ろ脇、前見返し、後ろ見返し

材料
表布（リネン）…110cm幅 2.2m（5・7・9号）、2.3m（11・13号）
接着芯（前後見返し、ベンツ）…90cm幅 60cm
伸止めテープ（前後衿ぐり）…12mm幅 90cm
コンシールファスナー…56cmを1本
スプリングホック…1組み

準備
・前後見返し、ベンツに接着芯をはる。
・衿ぐりに伸止めテープをはる。（p.51参照）
・身頃の切替え線、脇、後ろ中心、裾、見返しの端にロックミシン（またはジグザグミシン）。

作り方
1. 後ろ中心のあき止りからベンツ止りまでを縫う。
2. ベンツを作る。
3. コンシールファスナーをつける。(p.37参照)
4. 前後の切替え線を縫う（縫い代は割る）。
5. 脇を縫う（縫い代は割る）。(p.38参照)
6. 身頃の肩、見返しの肩と脇を縫う（縫い代は割る）。(p.38参照)
7. 身頃と見返しを中表に合わせて衿ぐりを縫い返し、見返しと縫い代のみをステッチで押さえる。(p.51参照)
8. 袖ぐりを縫い返す。
9. 裾を二つ折りにしてまつる。(p.41参照)
10. 見返しをファスナーにまつり、スプリングホックをつける。身頃の脇縫い代に見返しの端をまつる。(p.41参照)

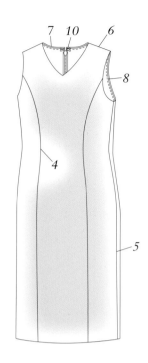
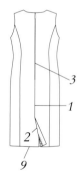
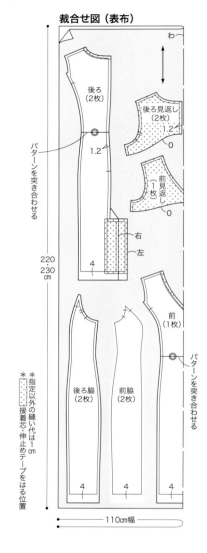

出来上り寸法　（単位はcm）

サイズ	5号	7号	9号	11号	13号
バスト	83	87	91	95	99
ウエスト	70	74	78	82	86
ヒップ	91	95	99	103	107
着丈（ひざ下丈）	94	94	98	98	102

準備

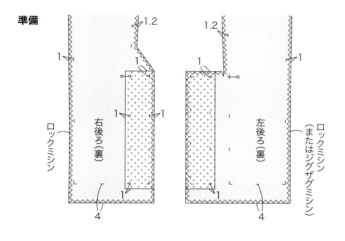

1 後ろ中心のあき止りから
ベンツ止りまでを縫う。

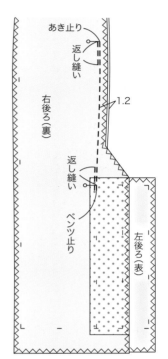

2 ベンツを作る。

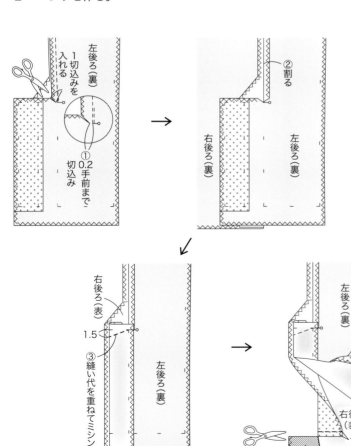

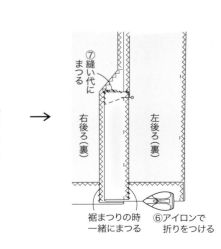

I¹

4 前後の切替え線を縫う
（縫い代は割る）。

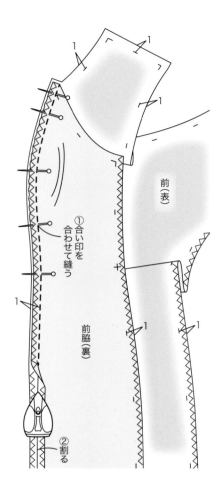

8 袖ぐりを縫い返す。

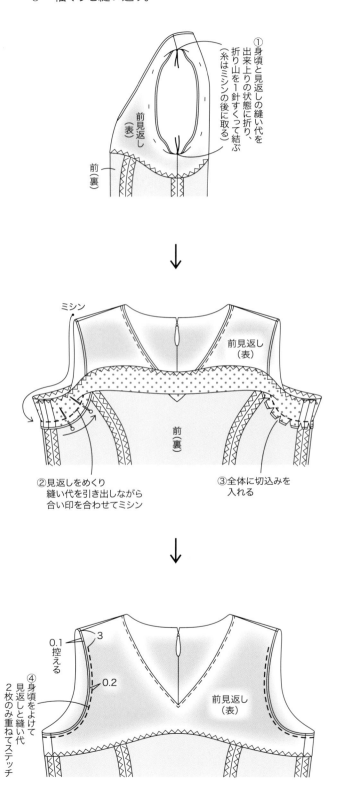

I²   Iラインひざ下丈 ＋ ラウンドネック ＋ キャップスリーブのドレス（口絵P.17）

必要なパターン
（赤面：7号、紺面：9号、緑面：11号、茶面：13号、各面：5号）

前（身頃とスカートを突き合わせる）、前脇、後ろ（身頃とスカートを突き合わせる）、後ろ脇、袖（キャップスリーブ）、前見返し、後ろ見返し

材料
表布（グログラン）…148㎝幅
1.7m（5・7・9号）、1.8m（11・13号）
接着芯（前後見返し、ベンツ）…90㎝幅 60㎝
伸止めテープ（前後衿ぐり）…12㎜幅 70㎝
コンシールファスナー…56㎝を1本
スプリングホック…1組み

準備
・前後見返し、ベンツに接着芯をはる。（p.57参照）
・衿ぐりに伸止めテープをはる。
・身頃の切替え線、脇、後ろ中心、裾、袖口、見返しの端にロックミシン（またはジグザグミシン）。

作り方
1　後ろ中心のあき止りからベンツ止りまでを縫う（縫い代は割る）。（p.57参照）
2　ベンツを作る。（p.57参照）
3　コンシールファスナーをつける。（p.37参照）
4　前後の切替え線を縫う（縫い代は割る）。（p.58参照）
5　脇を縫う（縫い代は割る）。（p.38参照）
6　身頃の肩、見返しの肩と脇を縫う（縫い代は割る）。（p.38参照）
7　身頃と見返しを中表に合わせて衿ぐりを縫い返し、見返しと縫い代のみをステッチで押さえる。（p.39参照）
8　身頃と見返しを中表に合わせて袖ぐり底を縫い返す。袖つけ止りから縫い代を反対側に出し、袖ぐり底の見返しと縫い代のみをステッチで押さえる。（p.40参照）
9　袖山のダーツを縫い（縫い代は後ろ側に倒す）、袖山にいせミシンをかける。袖口を二つ折りにしてまつる。（p.40参照）
10　袖をつける（3枚一緒にロックミシン。縫い代は袖側に倒す）。底側の縫い代の端をめくり見返しにまつる。（p.41参照）
11　裾を二つ折りにしてまつる。（p.41参照）
12　見返しをファスナーにまつり、スプリングホックをつける。身頃の脇縫い代に見返しの端をまつる。（p.41参照）

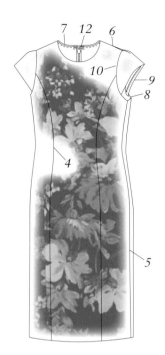
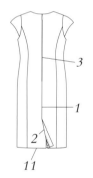
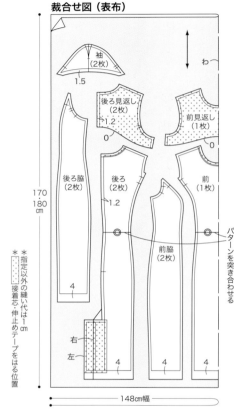

出来上り寸法 （単位は㎝）

サイズ	5号	7号	9号	11号	13号
バスト	83	87	91	95	99
ウエスト	70	74	78	82	86
ヒップ	91	95	99	103	107
袖丈	10	10	10	10.5	11
着丈（ひざ下丈）	94	94	98	98	102

I3

Silhouette no.2

Iラインひざ下丈 ＋ ラウンドネック ＋ 7分丈ワイドスリーブのドレス（口絵 P.18）

必要なパターン
（赤面：7号、紺面：9号、緑面：11号、茶面：13号、各面：5号）

前（身頃とスカートを突き合わせる）、前脇、後ろ（身頃とスカートを突き合わせる）、後ろ脇、前袖（ワイドスリーブ・7分丈）、後ろ袖（ワイドスリーブ・7分丈）、前見返し、後ろ見返し

材料
表布（グログラン）…148cm幅
2m（5・7・9号）、2.1m（11・13号）
接着芯（前後見返し、ベンツ）…90cm幅 60cm
伸止めテープ（前後衿ぐり）…12mm幅 70cm
コンシールファスナー…56cmを1本
スプリングホック…1組み

準備
- 前後見返し、ベンツに接着芯をはる。（p.57参照）
- 衿ぐりに伸止めテープをはる。
- 身頃の切替え線、脇、後ろ中心、裾、袖切替え線、袖下、袖口、見返しの端にロックミシン（またはジグザグミシン）。

作り方
1. 後ろ中心のあき止りからベンツ止りまでを縫う（縫い代は割る）。（p.57参照）
2. ベンツを作る。（p.57参照）
3. コンシールファスナーをつける。（p.37参照）
4. 前後の切替え線を縫う（縫い代は割る）。（p.58参照）
5. 脇を縫う（縫い代は割る）。（p.38参照）
6. 身頃の肩、見返しの肩と脇を縫う（縫い代は割る）。（p.38参照）
7. 身頃と見返しを中表に合わせて衿ぐりを縫い返し、見返しと縫い代のみをステッチで押さえる。（p.39参照）
8. 袖の切替え線をスリット止りまで縫う（縫い代は割る）。袖山にいせミシンをかけ、袖口をアイロンで折る。（p.43参照）
9. 袖口の折りを広げて袖下を縫う（縫い代は割る）。（p.43参照）
10. 袖口、スリットをまつる。（p.43参照）
11. 袖をつける（3枚一緒にロックミシン。縫い代は袖側に倒す）。（p.43参照）
12. 裾を二つ折りにしてまつる。（p.41参照）
13. 見返しをファスナーにまつり、スプリングホックをつける。身頃の脇縫い代に見返しの端をまつる。（p.41参照）

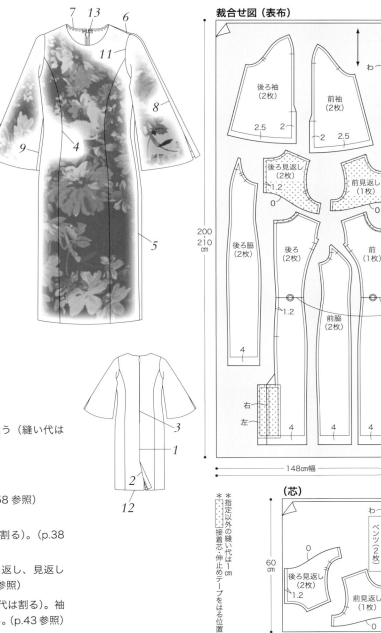

出来上り寸法					（単位はcm）
サイズ	5号	7号	9号	11号	13号
バスト	83	87	91	95	99
ウエスト	70	74	78	82	86
ヒップ	91	95	99	103	107
袖丈（7分丈）	44	44	46	46	48
着丈（ひざ下丈）	94	94	98	98	102

I-4 Iラインひざ下丈 + Vネック + 7分丈タイトスリーブのドレス（口絵 P.19）

必要なパターン
（赤面：7号、紺面：9号、緑面：11号、茶面：13号、各面：5号）

前（身頃とスカートを突き合わせる）、前脇、後ろ（身頃とスカートを突き合わせる）、後ろ脇、袖（タイトスリーブ）、前見返し、後ろ見返し

材料

表布（ウール）…143cm幅
2.1m（5・7・9号）、2.2m（11・13号）
接着芯（前後見返し、ベンツ）…90cm幅 60cm
伸止めテープ（前後衿ぐり）…12mm幅 90cm
コンシールファスナー…56cmを1本
スプリングホック…1組み

準備

- 前後見返し、ベンツに接着芯をはる。(p.57参照)
- 衿ぐりに伸止めテープをはる。(p.51参照)
- 身頃の切替え線、脇、後ろ中心、裾、袖下、袖口、見返しの端にロックミシン（またはジグザグミシン）。

作り方

1. 後ろ中心のあき止りからベンツ止りまでを縫う（縫い代は割る）。(p.57参照)
2. ベンツを作る。(p.57参照)
3. コンシールファスナーをつける。(p.37参照)
4. 前後の切替え線を縫う（縫い代は割る）。(p.58参照)
5. 脇を縫う（縫い代は割る）。(p.38参照)
6. 身頃の肩、見返しの肩と脇を縫う（縫い代は割る）。(p.38参照)
7. 身頃と見返しを中表に合わせて衿ぐりを縫い返し、見返しと縫い代のみをステッチで押さえる。(p.51参照)
8. 袖山にタックをたたみ仮どめする。袖山にいせミシンをかけ、袖口をアイロンで折る。袖下をスリット止りまで縫い（縫い代は割る）、スリットを作る。(p.45参照)
9. 袖口をまつる。(p.45参照)
10. 袖をつける（3枚一緒にロックミシン。縫い代は袖側に倒す）。(p.43参照)
11. 裾を二つ折りにしてまつる。(p.41参照)
12. 見返しをファスナーにまつり、スプリングホックをつける。身頃の脇縫い代に見返しの端をまつる。(p.41参照)

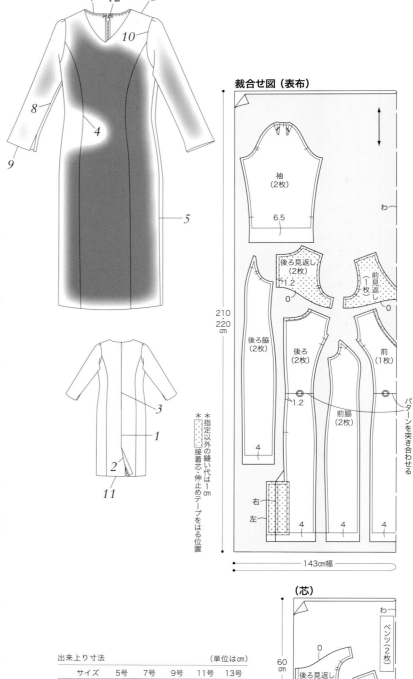

出来上り寸法 （単位はcm）

サイズ	5号	7号	9号	11号	13号
バスト	83	87	91	95	99
ウエスト	70	74	78	82	86
ヒップ	91	95	99	103	107
袖丈（7分丈）	45	45	47	47	49
着丈（ひざ下丈）	94	94	98	98	102

Silhouette no.2

I 5 Iラインひざ下丈 ＋ ボートネック ＋ 7分丈ワイドスリーブのドレス（口絵 P.20）

必要なパターン
(赤面：7号、紺面：9号、緑面：11号、茶面：13号、各面：5号)

前（身頃とスカートを突き合わせる）、前脇、後ろ（身頃とスカートを突き合わせる）、後ろ脇、前袖（ワイドスリーブ・7分丈）、後ろ袖（ワイドスリーブ・7分丈）、前袖口切替え、後ろ袖口切替え、前見返し、後ろ見返し

材料
表布（前、後ろ、袖、前後見返し＝ウールキャメル）
…143cm幅
1.5m（5・7・9号）、1.7m（11・13号）
（前脇、後ろ脇、袖口切替え＝ウール黒）
…143cm幅 1.1m（サイズ共通）
接着芯（前後見返し、ベンツ）…90cm幅 60cm
伸止めテープ（前後衿ぐり）…12mm幅 80cm
コンシールファスナー…56cmを1本
スプリングホック…1組み

準備
・前後見返し、ベンツに接着芯をはる。(p.57参照)
・衿ぐりに伸止めテープをはる。
・身頃の切替え線、脇、後ろ中心、裾、袖切替え線、袖下、袖口、見返しの端にロックミシン（またはジグザグミシン）。

作り方
1 後ろ中心のあき止りからベンツ止りまでを縫う（縫い代は割る）。(p.57 参照)
2 ベンツを作る。(p.57 参照)
3 コンシールファスナーをつける。(p.37 参照)
4 前後の切替え線を縫う（縫い代は割る）。(p.58 参照)
5 脇を縫う（縫い代は割る）。(p.38 参照)
6 身頃の肩、見返しの肩と脇を縫う（縫い代は割る）。(p.38 参照)
7 身頃と見返しを中表に合わせて衿ぐりを縫い返し、見返しと縫い代のみをステッチで押さえる。(p.39 参照)
8 袖口の切替え線を縫う（縫い代は割る）。
9 袖の切替え線をスリット止りまで縫う（縫い代は割る）。袖山にいせミシンをかけ、袖口をアイロンで折る。
10 袖口の折りを広げて袖下を縫う（縫い代は割る）。
11 袖口、スリットをまつる。
12 袖をつける（3枚一緒にロックミシン。縫い代は袖側に倒す）。
13 裾を二つ折りにしてまつる。(p.41 参照)
14 見返しをファスナーにまつり、スプリングホックをつける。身頃の脇縫い代に見返しの端をまつる。(p.41 参照)

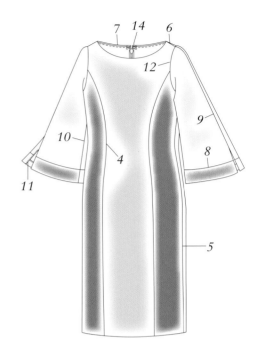

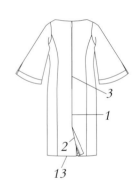

出来上り寸法 （単位はcm）

サイズ	5号	7号	9号	11号	13号
バスト	83	87	91	95	99
ウエスト	70	74	78	82	86
ヒップ	91	95	99	103	107
袖丈（7分丈）	44	44	46	46	48
着丈（ひざ下丈）	94	94	98	98	102

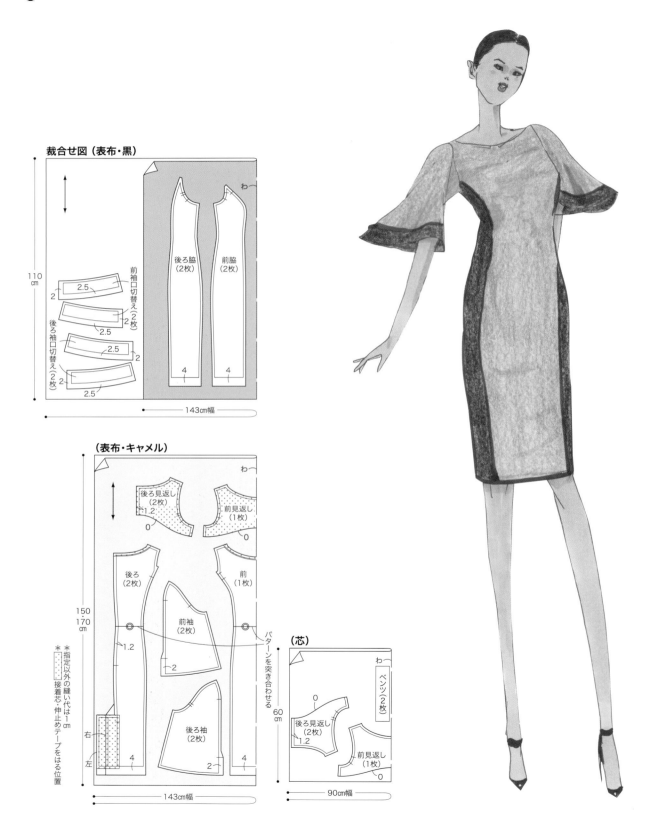

8, 9 袖口の切替え線を縫う（縫い代は割る）。
袖の切替え線をスリット止りまで縫う
（縫い代は割る）。袖山にいせミシンをかけ、
袖口をアイロンで折る。

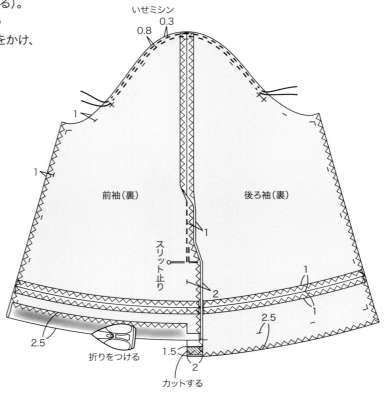

10, 11 袖口の折りを広げて袖下を縫う
（縫い代は割る）。
袖口、スリットをまつる。

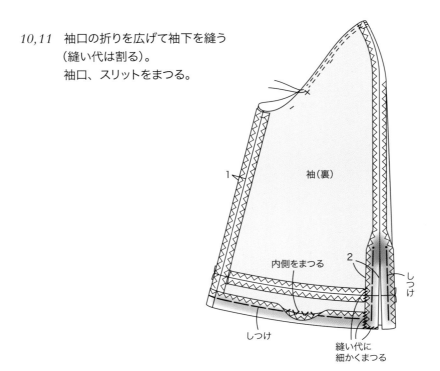

I 6

Silhouette no.2

Iラインひざ下丈 ＋ ボートネック＋7分丈ワイドスリーブのドレス（口絵P.21）

必要なパターン
（赤面：7号、紺面：9号、緑面：11号、茶面：13号、各面：5号）

前（身頃とスカートを突き合わせる）、前脇、後ろ（身頃とスカートを突き合わせる）、後ろ脇、前袖（ワイドスリーブ・7分丈）、後ろ袖（ワイドスリーブ・7分丈）、前見返し、後ろ見返し

材料

表布（ウール）…143cm幅
2m（5・7・9号）、2.1m（11・13号）
接着芯（前後見返し、ベンツ）…90cm幅 60cm
伸止めテープ（前後衿ぐり）…12mm幅 80cm
コンシールファスナー…56cmを1本
スプリングホック…1組み

準備

・前後見返し、ベンツに接着芯をはる。
・衿ぐりに伸止めテープをはる。
・身頃の切替え線、脇、後ろ中心、裾、袖切替え線、袖下、袖口、見返しの端にロックミシン（またはジグザグミシン）。

作り方

1 後ろ中心のあき止まりからベンツ止まりまでを縫う（縫い代は割る）。(p.57 参照)
2 ベンツを作る。(p.57 参照)
3 コンシールファスナーをつける。(p.37 参照)
4 前後の切替え線を縫う（縫い代は割る）。(p.58 参照)
5 脇を縫う（縫い代は割る）。(p.38 参照)
6 身頃の肩、見返しの肩と脇を縫う（縫い代は割る）。(p.38 参照)
7 身頃と見返しを中表に合わせて衿ぐりを縫い返し、見返しと縫い代のみをステッチで押さえる。(p.39 参照)
8 袖の切替え線をスリット止まりまで縫う（縫い代は割る）。袖山にいせミシンをかけ、袖口をアイロンで折る。(p.43 参照)
9 袖口の折りを広げて袖下を縫う（縫い代は割る）。(p.43 参照)
10 袖口、スリットをまつる。(p.43 参照)
11 袖をつける（3枚一緒にロックミシン。縫い代は袖側に倒す）。(p.43 参照)
12 裾を二つ折りにしてまつる。(p.41 参照)
13 見返しをファスナーにまつり、スプリングホックをつける。身頃の脇縫い代に見返しの端をまつる。(p.41 参照)

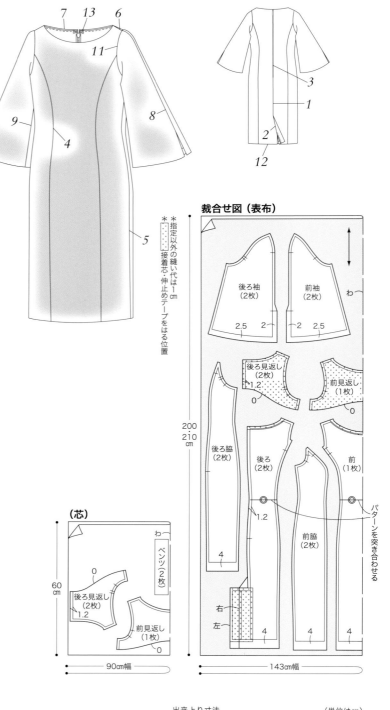

出来上り寸法					(単位はcm)
サイズ	5号	7号	9号	11号	13号
バスト	83	87	91	95	99
ウエスト	70	74	78	82	86
ヒップ	91	95	99	103	107
袖丈（7分丈）	44	44	46	46	48
着丈（ひざ下丈）	94	94	98	98	102

エレガントの代名詞 X ラインは、
上半身をすっきり見せてくれますので、スカート部分に
たっぷりのフレアを入れました。

Silhouette no.3

X1   Xラインひざ丈 ＋ ボートネック ＋ ノースリーブのドレス（口絵 P.24）

必要なパターン
（赤面：7号、紺面：9号、緑面：11号、茶面：13号、各面：5号）

前（身頃とスカートを突き合わせる）、前脇、後ろ（身頃とスカートを突き合わせる）、後ろ脇、前見返し、後ろ見返し

材料
表布（リネン）…145cm幅 2.4m
接着芯（前後見返し）…90cm幅 40cm
伸止めテープ（前後衿ぐり）…12mm幅 80cm
コンシールファスナー…56cmを1本
スプリングホック…1組み

準備
・前後見返しに接着芯をはる。
・衿ぐりに伸止めテープをはる。
・身頃の切替え線、脇、後ろ中心、裾、見返しの端にロックミシン（またはジグザグミシン）。

作り方
1　後ろ中心のあき止りから裾までを縫う（縫い代は割る）。（p.37 参照）
2　コンシールファスナーをつける。（p.37 参照）
3　前後の切替え線を縫う（縫い代は割る）。（p.58 参照）
4　脇を縫う（縫い代は割る）。（p.38 参照）
5　身頃の肩、見返しの肩と脇を縫う（縫い代は割る）。（p.38 参照）
6　身頃と見返しを中表に合わせて衿ぐりを縫い返し、見返しと縫い代のみをステッチで押さえる。（p.39 参照）
7　袖ぐりを縫い返す。（p.58 参照）
8　裾を二つ折りにしてまつる。（p.41 参照）
9　見返しをファスナーにまつり、スプリングホックをつける。身頃の脇縫い代に見返しの端をまつる。（p.41 参照）

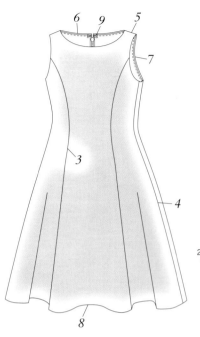

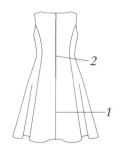

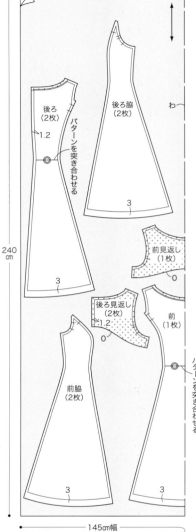

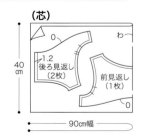

サイズ	5号	7号	9号	11号	13号
バスト	83	87	91	95	99
ウエスト	70	74	78	82	86
ヒップ	137	141	145	149	153
着丈（ひざ丈）	90	90	94	94	98

出来上り寸法　（単位はcm）

Silhouette no.3

X² Xラインひざ丈 + ラウンドネック + キャップスリーブのドレス（口絵 P.25）

必要なパターン
（赤面:7号、紺面:9号、緑面:11号、茶面:13号、各面:5号）

前（身頃とスカートを突き合わせる）、前脇、後ろ（身頃とスカートを突き合わせる）、後ろ脇、袖（キャップスリーブ）、前見返し、後ろ見返し

材料

表布（前、後ろ、前後見返し＝グログランベージュ）…148cm幅 1.4m
（前脇、後ろ脇、袖＝グログラン花柄）…148cm幅 1.5m
接着芯（前後見返し）…90cm幅 40cm
伸止めテープ（前後衿ぐり）…12mm幅 70cm
コンシールファスナー…56cmを1本
スプリングホック…1組み

準備

- 前後見返しに接着芯をはる。
- 衿ぐりに伸止めテープをはる。
- 身頃の切替え線、脇、後ろ中心、裾、袖口、見返しの端にロックミシン（またはジグザグミシン）。

作り方

1 後ろ中心のあき止りから裾までを縫う（縫い代は割る）。(p.37 参照)
2 コンシールファスナーをつける。(p.37 参照)
3 前後の切替え線を縫う（縫い代は割る）。(p.58 参照)
4 脇を縫う（縫い代は割る）。(p.38 参照)
5 身頃の肩、見返しの肩と脇を縫う（縫い代は割る）。(p.38 参照)
6 身頃と見返しを中表に合わせて衿ぐりを縫い返し、見返しと縫い代のみをステッチで押さえる。(p.39 参照)
7 身頃と見返しを中表に合わせて袖ぐり底を縫い返す。袖つけ止りから縫い代を反対側に出し、袖ぐり底の見返しと縫い代のみをステッチで押さえる。(p.40 参照)
8 袖山のダーツを縫い（縫い代は後ろ側に倒す）、袖山にいせミシンをかける。袖口を二つ折りにしてまつる。(p.40 参照)
9 袖をつける（3枚一緒にロックミシン。縫い代は袖側に倒す）。底側の縫い代の端をめくり見返しにまつる。(p.41 参照)
10 裾を二つ折りにしてまつる。(p.41 参照)
11 見返しをファスナーにまつり、スプリングホックをつける。身頃の脇縫い代に見返しの端をまつる。(p.41 参照)

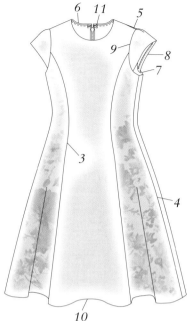

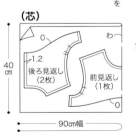
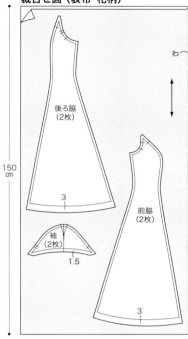
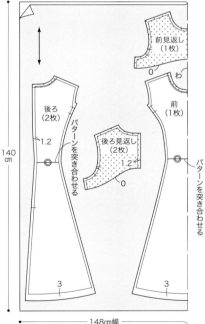

出来上り寸法 (単位は cm)

サイズ	5号	7号	9号	11号	13号
バスト	83	87	91	95	99
ウエスト	70	74	78	82	86
ヒップ	137	141	145	149	153
袖丈	10	10	10	10.5	11
着丈（ひざ丈）	90	90	94	94	98

Silhouette no.3

X³ Xラインひざ丈 ＋ Vネック ＋ キャップスリーブのドレス（口絵P.26）

必要なパターン
（赤面：7号、紺面：9号、緑面：11号、
茶面：13号、各面：5号）

前（身頃とスカートを突き合わせる）、前脇、
後ろ（身頃とスカートを突き合わせる）、後ろ脇、
袖（キャップスリーブ）、前見返し、後ろ見返し

材料
表布（綿麻）…
128cm幅 2.8m
接着芯（前後見返し）…90cm幅 40cm
伸止めテープ（前後衿ぐり）…12mm幅 90cm
コンシールファスナー…56cmを1本
スプリングホック…1組み

準備
・前後見返しに接着芯をはる。
・衿ぐりに伸止めテープをはる。（p.51参照）
・身頃の切替え線、脇、後ろ中心、裾、袖口、
　見返しの端にロックミシン（またはジグザグ
　ミシン）。

作り方
1. 後ろ中心のあき止りから裾までを縫う（縫い代は割る）。（p.37参照）
2. コンシールファスナーをつける。（p.37参照）
3. 前後の切替え線を縫う（縫い代は割る）。（p.58参照）
4. 脇を縫う（縫い代は割る）。（p.38参照）
5. 身頃の肩、見返しの肩と脇を縫う（縫い代は割る）。（p.38参照）
6. 身頃と見返しを中表に合わせて衿ぐりを縫い返し、見返しと縫い代のみをステッチで押さえる。（p.51参照）
7. 身頃と見返しを中表に合わせて袖ぐり底を縫い返す。袖つけ止りから縫い代を反対側に出し、袖ぐり底の見返しと縫い代のみをステッチで押さえる。（p.40参照）
8. 袖山のダーツを縫い（縫い代は後ろ側に倒す）、袖山にいせミシンをかける。袖口を二つ折りにしてまつる。（p.40参照）
9. 袖をつける（3枚一緒にロックミシン。縫い代は袖側に倒す）。底側の縫い代の端をめくり見返しにまつる。（p.41参照）
10. 裾を二つ折りにしてまつる。（p.41参照）
11. 見返しをファスナーにまつり、スプリングホックをつける。身頃の脇縫い代に見返しの端をまつる。（p.41参照）

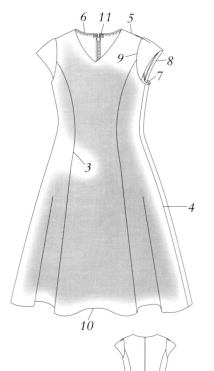

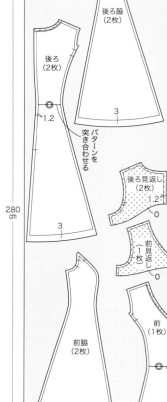

出来上り寸法　（単位はcm）

サイズ	5号	7号	9号	11号	13号
バスト	83	87	91	95	99
ウエスト	70	74	78	82	86
ヒップ	137	141	145	149	153
袖丈	10	10	10	10.5	11
着丈（ひざ丈）	90	90	94	94	98

Silhouette no.3

X ラインミモレ丈 + V ネック + 5 分丈フレアスリーブのドレス（口絵 P.27）

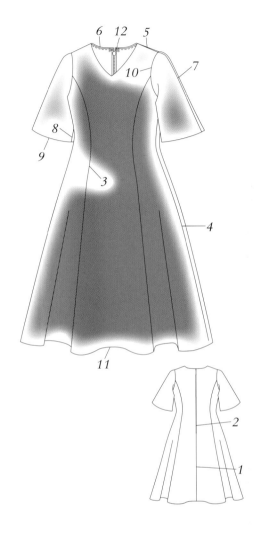

必要なパターン
（赤面：7号、紺面：9号、緑面：11号、茶面：13号、各面：5号）

前（身頃とスカートを突き合わせる）、前脇、後ろ（身頃とスカートを突き合わせる）、後ろ脇、前袖（フレアスリーブ・5分丈）、後ろ袖（フレアスリーブ・5分丈）、前見返し、後ろ見返し

材料
表布（コットン）…108cm幅 4.4m
接着芯（前後見返し）…90cm幅 40cm
伸止めテープ（前後衿ぐり）…12mm幅 90cm
コンシールファスナー…56cmを1本
スプリングホック…1組み

準備
・前後見返しに接着芯をはる。
・衿ぐりに伸止めテープをはる。(p.51参照)
・身頃の切替え線、脇、後ろ中心、裾、袖口、見返しの端にロックミシン（またはジグザグミシン）。

作り方
1 後ろ中心のあき止りから裾までを縫う（縫い代は割る）。(p.37参照)
2 コンシールファスナーをつける。(p.37参照)
3 前後の切替え線を縫う（縫い代は割る）。(p.58参照)
4 脇を縫う（縫い代は割る）。(p.38参照)
5 身頃の肩、見返しの肩と脇を縫う（縫い代は割る）。(p.38参照)
6 身頃と見返しを中表に合わせて衿ぐりを縫い返し、見返しと縫い代のみをステッチで押さえる。(p.51参照)
7 袖の切替え線を縫う（縫い代は割る）。袖山にいせミシンをかけ、袖口をアイロンで折る。(p.48参照)
8 袖口の折りを広げて袖下を縫う（縫い代は割る）。(p.48参照)
9 袖口をまつる。(p.48参照)
10 袖をつける（3枚一緒にロックミシン。縫い代は袖側に倒す）。(p.43参照)
11 裾を二つ折りにしてまつる。(p.41参照)
12 見返しをファスナーにまつり、スプリングホックをつける。身頃の脇縫い代に見返しの端をまつる。(p.41参照)

出来上り寸法　　　　　　　　　　（単位はcm）

サイズ	5号	7号	9号	11号	13号
バスト	83	87	91	95	99
ウエスト	70	74	78	82	86
ヒップ	137	141	145	149	153
袖丈（5分丈）	29	29	30	30	31
着丈（ミモレ丈）	100	100	104	104	108

71

Silhouette no.3

Xラインひざ丈 ＋ ボートネック＋7分丈ワイドスリーブのドレス（口絵P.28）

必要なパターン
（赤面：7号、紺面：9号、緑面：11号、
茶面：13号、各面：5号）

前（身頃とスカートを突き合わせる）、前脇、後ろ（身頃とスカートを突き合わせる）、後ろ脇、前袖（ワイドスリーブ・7分丈）、後ろ袖（ワイドスリーブ・7分丈）、前見返し、後ろ見返し

材料

表布（グログラン）…145cm幅 2.9m
接着芯（前後見返し）…90cm幅 40cm
伸止めテープ（前後衿ぐり）…12mm幅 80cm
コンシールファスナー…56cmを1本
スプリングホック…1組み

準備
・前後見返しに接着芯をはる。
・衿ぐりに伸止めテープをはる。
・身頃の切替え線、脇、後ろ中心、裾、袖切替え線、袖下、袖口、見返しの端にロックミシン（またはジグザグミシン）。

作り方

1 後ろ中心のあき止りから裾までを縫う（縫い代は割る）。（p.37参照）
2 コンシールファスナーをつける。（p.37参照）
3 前後の切替え線を縫う（縫い代は割る）。（p.58参照）
4 脇を縫う（縫い代は割る）。（p.38参照）
5 身頃の肩、見返しの肩と脇を縫う（縫い代は割る）。（p.38参照）
6 身頃と見返しを中表に合わせて衿ぐりを縫い返し、見返しと縫い代のみをステッチで押さえる。（p.39参照）
7 袖の切替え線を縫う（縫い代は割る）。袖山にいせミシンをかけ、袖口をアイロンで折る。（p.43参照）
8 袖口の折りを広げて袖下を縫う（縫い代は割る）。（p.43参照）
9 袖口、スリットをまつる。（p.43参照）
10 袖をつける（3枚一緒にロックミシン。縫い代は袖側に倒す）。（p.43参照）
11 裾を二つ折りにしてまつる。（p.41参照）
12 見返しをファスナーにまつり、スプリングホックをつける。身頃の脇縫い代に見返しの端をまつる。（p.41参照）

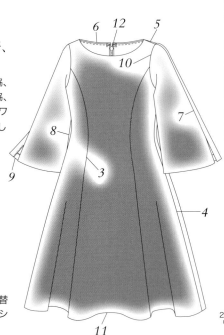

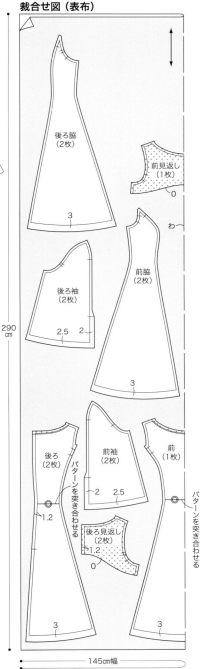

出来上り寸法					(単位はcm)
サイズ	5号	7号	9号	11号	13号
バスト	83	87	91	95	99
ウエスト	70	74	78	82	86
ヒップ	137	141	145	149	153
袖丈（7分丈）	44	44	46	46	48
着丈（ひざ丈）	90	90	94	94	98

Silhouette no.3

X6 Xラインひざ丈 ＋ ボートネック＋7分丈タイトスリーブのドレス（口絵 P.29）

必要なパターン
（赤面：7号、紺面：9号、緑面：11号、茶面：13号、各面：5号）

前（身頃とスカートを突き合わせる）、前脇、後ろ（身頃とスカートを突き合わせる）、後ろ脇、袖（タイトスリーブ）、前見返し、後ろ見返し

材料
表布（ウール）…143cm幅 2.7m
接着芯（前後見返し）…90cm幅 40cm
伸止めテープ（前後衿ぐり）…12mm幅 80cm
コンシールファスナー…56cmを1本
スプリングホック…1組み

準備
・前後見返しに接着芯をはる。
・衿ぐりに伸止めテープをはる。
・身頃の切替え線、脇、後ろ中心、裾、袖切替え線、袖下、袖口、見返しの端にロックミシン（またはジグザグミシン）。

作り方
1. 後ろ中心のあき止りから裾までを縫う（縫い代は割る）。(p.37 参照)
2. コンシールファスナーをつける。(p.37 参照)
3. 前後の切替え線を縫う（縫い代は割る）。(p.58 参照)
4. 脇を縫う（縫い代は割る）。(p.38 参照)
5. 身頃の肩、見返しの肩と脇を縫う（縫い代は割る）。(p.38 参照)
6. 身頃と見返しを中表に合わせて衿ぐりを縫い返し、見返しと縫い代のみをステッチで押さえる。(p.39 参照)
7. 袖山にタックをたたみ仮どめする。袖山にいせミシンをかけ、袖口をアイロンで折る。袖下をスリット止りまで縫い（縫い代は割る）、スリットを作る。(p.45 参照)
8. 袖口をまつる。(p.45 参照)
9. 袖をつける（3枚一緒にロックミシン。縫い代は袖側に倒す）。(p.43 参照)
10. 裾を二つ折りにしてまつる。(p.41 参照)
11. 見返しをファスナーにまつり、スプリングホックをつける。身頃の脇縫い代に見返しの端をまつる。(p.41 参照)

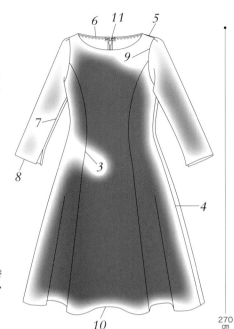

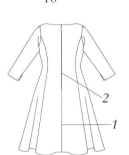

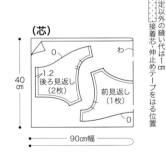

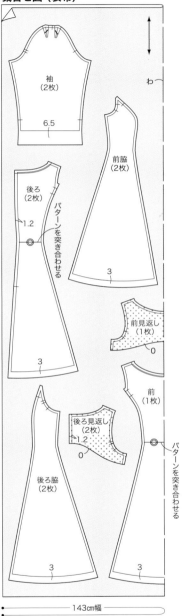

出来上り寸法 (単位はcm)

サイズ	5号	7号	9号	11号	13号
バスト	83	87	91	95	99
ウエスト	70	74	78	82	86
ヒップ	137	141	145	149	153
袖丈（7分丈）	45	45	47	47	49
着丈（ひざ丈）	90	90	94	94	98

Silhouette no.1

 Aライン裏布つけ

材料

裏布…90cm幅
（ひざ丈）1.7m、（セミロング丈）1.9m

作り方

1. 胸ダーツを縫う（縫い代は下側に倒す）。
2. 脇、を縫う（2枚一緒にロックミシン。縫い代は後ろ側に倒す）。
3. 後ろ中心のあき止りから下を縫う（2枚一緒にロックミシン。縫い代は右身頃側に倒す）。
4. 三つ折りにして裾を縫う。
5. 見返しの端とファスナーの周囲を細かくまつる。
6. 両脇の裾に糸ループをつける。

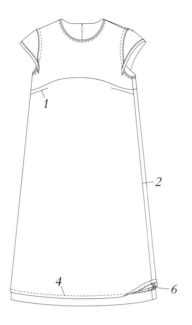
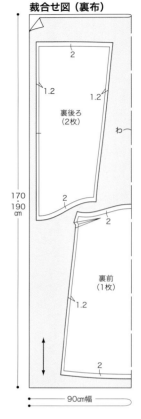
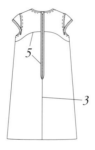

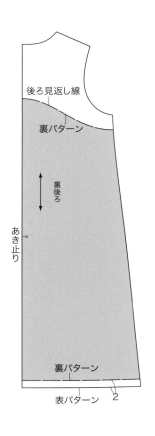

1, 2, 3, 4 胸ダーツを縫う（縫い代は下側に倒す）。
脇を縫う（縫い代は後ろ側に倒す）。
後ろ中心のあき止りから下を縫う
（縫い代は右身頃側に倒す）。
三つ折りにして裾を縫う。

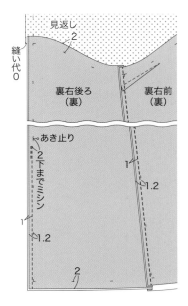

↓

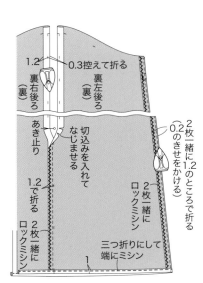

5 見返しの端とファスナーの周囲を
細かくまつる。

6 両脇の裾に
糸ループをつける。

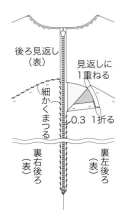
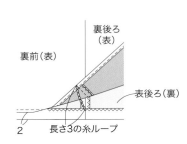

Silhouette no.2

I　Iライン裏布つけ

材料

裏布…90cm幅
（ひざ下丈）1.7m

作り方

1. 切替え線を縫う（2枚一緒にロックミシン。縫い代は脇側に倒す）。
2. 脇を縫う（2枚一緒にロックミシン。縫い代は後ろ側に倒す）。(p.77参照)
3. ベンツの部分を準備をする。
4. 三つ折りにして裾を縫う。
5. 後ろ中心のあき止りからベンツ止までを縫う（縫い代は左身頃側に倒す）。
6. 見返しの端とファスナーの周囲を細かくまつる。(p.77参照)
7. ベンツの周囲をまつる。
8. 両脇の裾に糸ループをつける。(p.77参照)

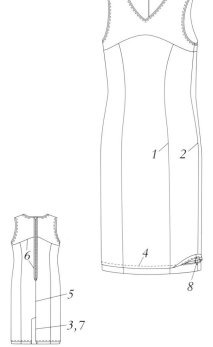

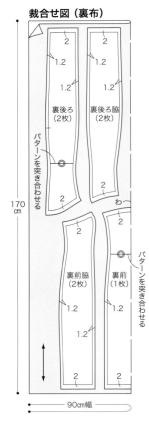

3　ベンツの部分を準備する。

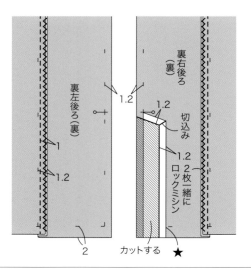

4　三つ折りにして裾を縫う。

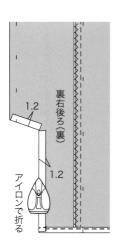

Silhouette no.3

X Xライン裏布つけ

材料

裏布…90cm幅
（ひざ丈）2.7m、（ミモレ丈）3.1m

作り方（p.77 参照）

1. 切替え線を縫う（2枚一緒にロックミシン。縫い代は脇側に倒す）。
2. 脇を縫う（2枚一緒にロックミシン。縫い代は後ろ側に倒す）。
3. 後ろ中心のあき止りから下を縫う（2枚一緒にロックミシン。縫い代は右身頃側に倒す）。
4. 三つ折りにして裾を縫う。
5. 見返しの端とファスナーの周囲を細かくまつる。
6. 両脇の裾に糸ループをつける。

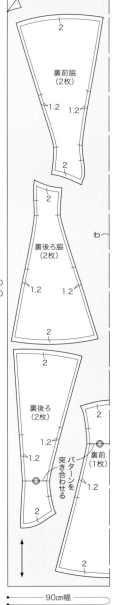

裁合せ図（裏布）

5. 後ろ中心のあき止りからベンツ止りまでを縫う（縫い代は左身頃側に倒す）。

7. ベンツの周囲をまつる。

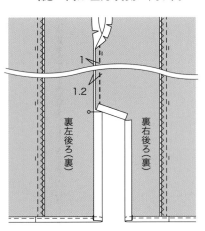

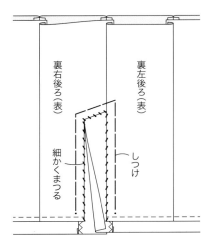

鈴木 圭

1978年3月生れ。文化服装学院アパレルデザイン科卒業後渡米しunited bambooや、ニューヨーク・コレクションに参加するクチュールメゾンで3年間研鑽。帰国後はウェディングデザイナーとして、クチュールドレスのデザイン・製作に携わる。また、ファッションイラストレーターとして、ベイクールズのウインドーディスプレーやweb向けのイラストレーションを製作。2013年、atelier KEISUZUKIをスタートし現在に至る。

atelier KEISUZUKI ／アトリエ ケイスズキ

「ウェディングドレスを着るような高揚感を日常に」四季を通じたイベントやセレモニー、そしてビジネスシーンにもぴったりなワンピースやジャケットを、カスタムオーダーを中心にお届けします。

〒231-0014 横浜市中区常磐町 3-27-3 ラパンビル 403
TEL: 045-323-9012
JR 京浜東北線、市営地下鉄関内駅より徒歩3分
みなとみらい線馬車道駅より徒歩7分

http://atelier-keisuzuki.com/

＊当アトリエは店舗ではございませんため、ご来店前にはご予約をお願いいたします。

使用した布地

この本で使用した布地は atelier KEISUZUKI のウェブサイトにて、購入方法をご案内しております。

http://atelier-keisuzuki.com/product/books/

＊在庫切れや廃盤の場合がございますので、最新情報と併せてご確認ください。

A-1, A-2	グログランペイントマーガレット白
A-3	ノイルデニム白
A-4	細番手シルク調コットンブルー
A-5, A-6	薄手フェザーウールグリーン
I-1	中肉リネンミモザ
I-2, I-3	グログランペイントマーガレット黒
I-4	薄手フェザーウール黒
I-5	薄手フェザーウールキャメル×黒
I-6	薄手フェザーウールキャメル
X-1	薄手リネンコーラル
X-2	グログランペイントマーガレット白×グログラングレー
X-3	綿麻プリベラワッシャーオレンジ
X-4	細番手シルク調コットンブルー
X-5	形状タフタブラウン
X-6	薄手フェザーウール黒

ブックデザイン
関口良夫（SALT*）

撮影
長島大三朗

パターン製作
山口智美

パターングレーディング
上野和博

縫製
ｍ＆ｓ

作り方解説
助川睦子

デジタルトレース
文化フォトタイプ

校閲
向井雅子

編集
平山伸子（文化出版局）

3つのシルエットで作る「永遠」のワンピース

2017 年 11 月 6 日　第 1 刷発行
2021 年 12 月 22 日　第 5 刷発行
著　者　鈴木 圭
発行者　濱田勝宏
発行所　学校法人文化学園 文化出版局
〒151-8524 東京都渋谷区代々木 3-22-1
TEL:03-3299-2489（編集）
TEL:03-3299-2540（営業）

印刷・製本所　株式会社文化カラー印刷

協力　株式会社キイヤ
参考書籍　『きれいに縫うための基礎の基礎』、『きれいな仕立てのプロの技』（共に文化出版局）

©Kei Suzuki 2017 Printed in Japan

本書の写真、カット及び内容の無断転載を禁じます。
・本書のコピー、スキャン、デジタル化等の無断複製は著作権法上での例外を除き、禁じられています。本書を代行業者等の第三者に依頼してスキャンやデジタル化することは、たとえ個人や家庭内の利用でも著作権法違反になります。
・本書で紹介した作品の全部または一部を商品化、複製頒布、及びコンクールなどの応募作品として出品することは禁じられています。
・撮影の状況や印刷により、作品の色は実物と多少異なる場合があります。ご了承ください。

文化出版局のホームページ　http://books.bunka.ac.jp/